안개 수첩

이은무 시집

안개 수첩

태원

詩作 메모

남은 삶의 이쯤에서
슬쩍 뒤돌아봄은
알 수 없는
내가,
안개 속을 꿈틀거린 흔적들인가

차례

詩作 메모 | 05

1부

흔적__ 17
배가 없는 뱃터에서__ 18
탁상시계__ 19
다비茶毘__ 20
마늘 두 쪽__ 21
식물병원__ 22
하얀 아침__ 23
운명__ 24
토왕성 폭포__ 25
호미 끝에서__ 26
보호자__ 27
응, 가을이__ 28
겨울 매미__ 29
내일 해가 뜨는 쪽으로__ 30
아니면__ 31
그 겨울의 시__ 32
강아지풀들과 노는 호두까기 인형__ 33

음치의 음악회__ 34
숨구멍__ 35
그, 봄은__ 36
절구질하는 여인__ 37
참새와 농부__ 38
시인의 선물__ 39
논두렁길에서__ 40
빈 의자__ 41
웃음통장__ 42
시래깃국__ 43
안개, 춘천의__ 44
그, 받침은__ 45
안개 수첩__ 46

2부

꽃으로 피는 마음을 보리라__ 49
아무르강의 눈물__ 50
그린 詩__ 51
너의 외발로 쓴 시__ 52
모깃불__ 53
맨땅에 쓴 시__ 54
가는 길__ 55
사랑과 똥이다__ 56
기다림__ 57
아내를 기다리면서__ 58
바람꽃__ 59
내 시는__ 60
자서시自敍詩__ 61
오늘은 내일의 껍데기니까__ 62
다은 할머니__ 63
어느 겨울 저녁 하늘에 쓴 시__ 64

금혼식__ 65
하얀 발자국__ 66
촌옹村翁__ 67
표고버섯__ 68
식물만 사는 별__ 69
동해의 세숫물__ 70
컨덕터__ 71
쌍봉낙타__ 72
임연수어__ 73
맹물 시__ 74
로또 번호를__ 75
새__ 76
뽀글이장__ 77
잔소리__ 78

3부

흰 감자 꽃이 피는 중이다__ 81
빈 화분에 물을 주면서__ 82
나__ 83
꿀고구마__ 84
돌의 미소__ 85
그 자리에서__ 86
무제__ 87
메밀잠자리__ 88
하얀 말__ 89
에이 씨발__ 90
그, 알맹이는__ 91
가는 길__ 92
내 시란 놈은__ 93
산제사__ 94
밀원蜜源__ 95
아침, 산책길에서__ 96

하얀 허무__ 97
아야AYI__ 98
퇴원__ 99
돌화살촉__ 100
나__ 101
장례놀이__ 102
방귀__ 103
시인의 겨울 농사__ 104
동목冬木__ 105
겨울 아침의 능청__ 106
선물__ 107
어딘지 거기__ 108
인간의 꽃__109
황혼에 기대서서__ 110
천국의 살인__ 111

4부

벌과 바람과 詩가 있는
어느 영혼의 뒤란일 것이다__ 115
아침 산책길에서__ 116
주목朱木__ 117
낚시를, 레테의 강으로__ 118
영혼의 보험료는__ 120
裸木__ 121
뒤란의 감나무__ 122
그 많은 아침을 지나서__ 123
그거, 시__ 124
詩가 빵꾸야__ 125
사막의 꽃__ 126
가을이 온통 설교 중이더라__ 127
뭐 행복이 따로 있나__ 128
큰 그릇__ 129
경이로운 질문__ 130

화롯불__ 131
생마늘 세 쪽__ 132
더 봄 치과에서__ 134
잠__ 135
대지의 바람을 지휘하는 너, 갈대여!__ 136
관념의 보약__ 137
허무의 지우개__ 138
잠__ 139
백로__ 140
이상한 귀__ 141
신의 저울__ 142
굶어서 하얗게 얼어 죽은 산양들이여__ 143
식물의 귀__ 144
낼 아침은__ 145
엄마 손국수_ 146

1부

흔적

山寺에서
몰래 내려온 童僧이
마을 어귀 눈밭에서
흰점 검은 점의 바둑이와 놀다 간, 흔적
참 깨끗한 발자국이더라.

배가 없는 뱃터에서

그
어딘가에
섬으로 가는 길이 있어
배가 없는
뱃터엔
저녁노을을 깔고 앉아 무겁게 잠든 바위
바로 그 옆에 뿌리를 하늘로
거꾸로 서있는 느티나무
내가 나를 데리고 섬으로 가는 배를
배가 없는 뱃터에서
기다림은…

탁상시계

빨간 초침이 돌아가는 것은
이만치서도 보이지만
놈이 또박또박 걸어가는
소리는 바싹 귀를 댔을 때, 너무 빨리 뛰어가는
내 삶의 남은 거리다.

꽤 오래 전이지
내 시의 어느 잠박에
내가 뽕잎으로 누워있을 때 삭삭삭...
나를 먹어들어 가는 순간의 초침소리가
먼먼 기억의 귓가에서

나는 이쯤서
초침의 박음질을 마다하고
산책을 시간 밖으로
저놈의 탁상시계를 가지고 나갈 것이다
그제도 어제도 오늘도 꼭 고 자리에 서있는
무심한 느티나무 밑에 파묻기 위해

다비茶毘

서녘 산등성이에서
내가 나를 노을로 다비茶毘 중일 때

저 들녘의 겨울나무들이
멀리서 가까이서 문상을 하는군요.

어느 외로운 땡 중의 공양인가

반짝반짝 뿌려지는 무수한 별들
나를 태운 끝의 사리들이었소

마늘 두 쪽

1
어린 빛들이 와서
아침의 문지방을 쪼는가.
귀가
근지러워
지그시 눈을 뜬다.
어제 하다가 남은 갈걷이를 위해
오늘 또 하루의 삶을
주섬주섬 챙기는
당신의 머슴입니다

2
소멸은

노을로 익고

이별의
눈물은, 소금이 되는

어느 끝에서

식물병원

아내가 병원 원장이니까
나는 간호사쯤 되나
주로 취급환자는 이웃이 가져오는 화분으로
쓰러져가는 선인장을 받침대로 기브스를 하고
병색이 짙은 장미는 영양제주사를 내가
아예 분갈이 수술은 아내가
치료비는 이웃 정으로 웃는다.
때로는 유기견처럼 버려진 화분에서
시들시들 죽어가는 이런저런 녹색 생명을
살려내는 아내의 손길에 감탄을 하는
나는 이따금 영혼이 없는 육신 같은 빈 화분을
잔뜩 주워다가 원장에게 자랑하는
간호사가 되기도 한다.

하얀 아침

가득 텅 비어서 눈부신 아침이더라.

누가 지난밤을 불면으로 하얗게 태웠는가.
아니면 킬리만자로의 눈이 와서 강아지들과 놀다 갔는가.
눈꽃으로 오목오목 핀 발자국들,

이 이상하게 아름다운 별, 별에 사는 은발의 노시인이
하얀 아침을 산책 중이더라.

운명
－ 베토벤 교향곡 5번

놈이 죽음의 손으로 삶의 멱살을 잡는가.

그의 운명은 그렇게 시작되고 어둠의 문을 빛으로 여는가

찌릿찌릿한 열손가락이 투명한 생명의 건반 위에서

놈과 춤을 출 때,

그의 먹은 귀도 뚫리는가.

토왕성 폭포

웅녀熊女님께서

설악의 속치마를 슬쩍 내리시고
천진하게 씩 웃으며 쉬를 하심인가

아니면,

단군을 낳기 직전 옥문玉門에서
포의수胞衣水가 터짐인가

단원 김홍도가 지나다가 중얼중얼이더라

호미 끝에서

어느 게 잡촌지 아닌지는
거기다 무얼 심었느냐지만
호미를 쥔 농부의 손이 문득 망설임은
세상이란 밭을 가만히 내려다보면
어디서 왔는지
뉘 씨를 뿌렸는지
제풀로 끈질긴 생명의 신비
우리가 모르게 키우는 손이 있는 걸
차마 잡초로 분류해 김을 매기가, 돌아설 때
바랭이가 호미 끝에서
나를 쳐다보며 고맙다고
슬쩍 바람으로 흔들리며 끄덕이는가.

보호자

춘천의 어느 대학병원이다

아내 이름 끝에 보호자를 부른다.

긴장한 내 눈앞에 대장내시경의 화면을 띄운다.

이상 없이 다 좋단다.

아내는 물론
내 안심은,
우리는 누군가의 보호자가 되고
누군가의 보호를 받는가보다

응, 가을이

어쩐 일이야
응, 누가 여기서 기다린다고 해서
바둑 서너 판 둔 뒤에 만나기로 했어
저 하늘 호수의 흰 구름이나 타고 앉아
우리 바둑이나 두세
....
어느새
꽤나 긴 시간이
흑돌 백돌 징검다리를 건너
마지막 수를 읽다가 내가졌네, 가봐야겠어
너무 오래 기다리게 했군.
누군데?

응, 가을이
흥, 싱거운 사람 같으니, 잘 가시게

겨울 매미

겨울 매미가 운다
한겨울인 걸 아는지 모르는지
우는 매미가 있어
7년의 기다림을, 여름의 중심에서
일곱 날을 애절히 부르다가
지금은 내 영혼의 귓속에서 이명으로 우는 너구나.

내일 해가 뜨는 쪽으로

일몰의 불덩이를
가슴에 안고 뒤로 걷는다.

가끔 뒤돌아보며
넘어질까 조심조심하는
긴 그림자

내가 나를 데리고
내일 해가 뜨는 쪽으로 가는가.

아니면

있는 듯 없는
당신을 찾는 건
인간의 아름다운 면을 유지하기 위해
당신은 꼭 있어야, 그런데
가만히 보면 착한 이들만 골라서 힘들게 하는
당신의 심보, 일부러 그러는 거요
아니면 모르는 거요
아니면, 내 착한 아내 고만 좀 아프게 해줘요

그 겨울의 시

그 겨울은
너무 길고 너무 추었어.
아내의 아픈 다리를, 내 마음의 아픈 다리로
절뚝이며 겨우내 걸었어.
삶의 무게로 오른쪽 무릎 관절이 다 망가져서
인공관절 수술을 의사의 손을 빌려
내 아픈 시의 메스로 했어.
그 겨울은, 시리고 저린 내 가슴을
눈도 많이 내리고 쌓였어.

강아지풀들과 노는 호두까기 인형

터엉 빈 겨울의 묵밭이지

강아지풀들이 꼬랑지로 살랑살랑 웃으면서
아주 가벼운 죽음의 몸짓으로
바람의 건반을 뛰어다닐
때,
어린 소녀 클라라*가 잠든 새
몰래 도망쳐 나온 호두까기 인형이 덩달아
강아지풀들의 꼬랑지로
살랑살랑 발가락이 시린 춤을 연주하는가.

---

*클라라 : 호두까기 인형을 선물로 받은 소녀

음치의 음악회

천상의 건반을 누가 어루만지는가
풀 풀 내리는, 눈

죽은 강아지풀들이
꼬리의 귀로 살랑살랑 기울이는, 고요

애들아!
더 바싹바싹 붙어
서있는 재들도 와서 궁둥이 붙이게
오선의 전깃줄에 앉은 멧새들의, 속삭임

텅 빈 겨울의 무대는 순백의 벌판이다

숨구멍

숨은 게 아닌데
숨구멍 때문에 들킨 꼴로
아무 죄 없이
갯벌의 구멍파기 손에 잡힌, 낙지
삶의 구멍이 죽음의 구멍이 될 줄이야
슬그머니 지나던 바람이 구멍을 메우는가,

그, 봄은

그 봄은
겨울의 끝자락 남촌에서부터
오는 줄 알고
시린 발끝으로 기다렸는데
이미 와 있는 걸
우린 미처 몰랐지
애초 입동의
동장군 품에 몰래 스며들었다가
재빨리 눈치껏 뛰쳐나와
너도바람꽃으로
또는 복수꽃으로 피어 있는, 너를

절구질하는 여인
- 박수근 화백의

어느 마당가의 부엌 문턱쯤이겠지

아기를 업고 절구질하는 아낙이다

안개비가 내리는 구중중한 겨울아침
나는 그의 그림 속으로 외출중이다

오직 사람과 사람의 선함과
진실을, 암울한 세월의 절구통에다 넣고
우툴두툴한 공이로, 겉보리를
저녁거리로 능그는가.

참새와 농부

얼른 보면 꽤 친한 사이 같지만
말썽쟁이 놈들 때문에 헛수고를 반복하는
그에겐 아주 괘씸한 것들이다
그게 그럴 수밖에
이런저런 씨앗을 심으면 심는 대로
거의 다 파먹고, 오목오목 구덩이를 파고 논다
참다못한 그가 약이 바싹 오른 허수아비로 서있을 때
놈들은 그의 머리 꼭대기에 앉아 물똥을 찍 깔리곤
짹짹짹 재미있다고 난리다.

시인의 선물

손바닥보다는 큰 텃밭이어요.

호미로 봄볕을 헤집어
이런저런 생각을 씨로 심었지요.

벌레가 먹고 남은 푸성귀지만
당신 영혼의 식탁에 한바구니 슬쩍 놓고 싶은

어느 시인의 선물입니다.

논두렁길에서

늘 혼자
외로움을 굴렁쇠로 굴리면서
외길 논두렁길을 달리다가
마주친 그 소녀
수줍게 씩 웃으며 길을 비켜주던 나

아득 먼 그리움을
다시 하얀 동그라미로 굴려 보는가.

빈 의자

아무도 없는 마을공원에 저 혼자 앉아 있는 의자

풀풀 내리는
눈,
쌓이는데
망연히 누굴 기다림인가

옆에 서있던 동목冬木이 딱하다는 듯 내려다보는군.

이만치서 바라보던 나, 가서 앉고 싶다

웃음통장

새해에도
웃음통장에다
건강한 웃음 많이
저축하시길,
바라며 기다리는 웃음은행 지점장입니다
혹,
최 불 암 당신이면
인생담대로 아기 웃음도 가능합니다.

시래깃국

하얗게 시린 겨울을
고향의 아궁이에다 삭정이로 고독을 꺾어 지피며
세상의 모든 근심걱정을 오지항아리에 담아
한 백년 묵힌 장을 풀어 시래기 된장국을
한 솥 끓이는 이여!
누굴 기다림인가?

안개, 춘천의

안개, 그녀는
춘천을 한입에 넣고 질경질경
되새김질하는 암소인가

아니면,
흐물흐물 해체의 몸 섞음으로
자웅동체의 한 마리 거대한 지렁이인가

그, 받침은

뭐,

뭐라고

그거 비슷한 ㄴ받침 말이야

그, 신의 신발은 본디 시인의 것이었어

안개 수첩

어느 여인이 짜내는 젖 빛깔인가
꿀꺽꿀꺽 모유를 빨고 있는 아기 이름은 春川이다

소양강 물안개 속에
쌍무지개 같은 다리, 환상처럼 걸려있고

딸기 같은 어린 순정
애만 태우며 마냥 서있는 그녀

저만치서 긴 목으로 바라보는 백로 한 마리
꼭 시인처럼 서 있더라.

2부

꽃으로 피는 마음을 보리라

사는 게
너무 힘들거나
외로울
땐,
아무 꽃이나
마냥 바라보는 거야

아무르강의 눈물

어딘가로 막연히 잠기더니
저녁놀이 흐르는 아무르 강가에서
낚시로 서성이는가.
거기,
등 굽은 연어들이 마지막 사랑을 위해
모천의 가슴에다 전신을 태질하며
사정을 하듯 산란을 마치곤
기진맥진 죽음으로 누워서 하늘을 향해 끔벅끔벅
모성의 눈을 감는가, 새끼가 뭔지
차마 낚시는
그냥 바라보는 찝찔한 상상이다

그런 詩

궁한 살림에 보탬이 되는, 글
시 보다는 소설을 쓰라고
그분 하시던 말씀이
이 밤
이 나이에
문득,
모든 이에게
영혼의 양식으로 보탬이 되는
그런 시는, 어떻게?
아무래도 그분*에게 다시 여쭈어봐야겠다.

---

*그분 : 이범선 작가

너의 외발로 쓴 시

부부간인가
산책길에서 이따금 만나는
비둘기 한 쌍, 모이를 쪼아 먹는 것을
무심히 바라보는 눈길에 얼핏 걸리는 안쓰러움은
한 놈이 외발이다
어디서 어떻게 잃은 다린지
혹 태어날 때부턴지
왼쪽인지 바른쪽인지
수컷인지 암컷인지도 난 모르면서
단 부부였으면 바랄 때, 훌쩍 날아가는 걸 쳐다보며
외발로도 똑바로 서서 날 수 있는 날개가 있어
아 얼마나 다행인가.

모깃불

한 끼 저녁거리였어
푹 쪄진 감자 옥수수를
한 쟁반 뜨겁게 들고나오시는 당신
멍석을 편 마당, 배고픈 식구들 둘러앉아
오이냉국으로 두런두런 배를 채울 때
모깃불로 타던 쑥내음의
그 저녁이 그립다

맨땅에 쓴 시

어미 없는
아이는
맨땅에 퍼질러 앉아
상상의 막대기로
어미 얼굴을 그린다.
훌쩍이는 콧물, 닦고 닦은 외로움이 번들거리는
오른팔 소매다.

가는 길

그깟 나달
빨리 가거나 말거나
마냥 가다 쉬다
허리 다리 아프면 아무데나 털썩 주저앉아
하늘 쳐다보며 구름 따라가는 거지
뭐,
허 허 안 그래

사랑과 똥이다
- 미래의 교실에서

어림잡아 한 200년
과거에서, 미래의 초등학교로 부임한
나는 1학년 담임을,
첫 시간 교실 문을 열었을 때
아이들 얼굴을 한 AI들이 구경거리로 날 반긴다.
나는 한국인 시인인데 학생들 한글 다 알지요
그럼요, 그런데 선생님!
질문 하나 해도 돼요?
응, 그래
인간과 우리가 다른 게 있다면?

사랑과 똥이다,
아 그리고 생명이다

기다림

입춘이 지난 지도 한참 됐는데
아내가 없는 저녁은 더 추웠다
달력의 퇴원 날짜를 아까도 보고 또 쳐다보며
혼자 먹을 양의 쌀을 저녁거리로 씻는다.
곳 만날 수 있는 그리움을
기다림의 뚝배기에다
보글보글 사랑을 된장으로 끓인다.

아내를 기다리면서

어릴 적이지
엄마를 기다리는 동무가
그리도 부럽던 아이는 이제 팔순이 훨씬 넘었지만
병원에 입원하고 있는 아내가
퇴원하는 날을
꼭 처음 엄마를 기다리는 아이처럼
나는 오늘도 서성거리고 있었어.

바람꽃

너도 바람꽃과
나도 바람꽃이
겨울의 끝 방 춘분의 침실에서
입김으로 봄을 입 맞추며
정사 중,
앙증스런 별 꽃잎으로 사정을 하는
너와 나의 바람꽃이어라

내 시는

짧다
왜,
쓰다보면
쓰면서 살은 다 발려 뜯어먹고
뼈다귀만
남은
꼴,

내 시는 늘 시가 고픈가.

자서시 自敍詩

시시껄렁한 시 나부랭이지만
나름의 개뿔 같은 진실을 밑거름으로
이나마 시라고 쓰는 건
내 생모가 너무 빨리 가셨기 때문이고
시보다 더 시 같은 아내를 만날 수 있었기에
아마 두 여인 중에 한쪽이라도 아니었으면
나는 이따위 빌어먹을 시인의 길을 후회 없는 다행으로
여기까진 오지 못했을 거다
늘 혼자 외로움과 놀던 소년은 어느 날 짧은 가방 끈 밑에서
오직 한 분 스승으로 만난 진달래꽃을 피운 분,
나보기가 역겨워 가실 때에는
말없이 고이 보내드리오리다.

오늘은 내일의 껍데기니까

다람아
다람아 염불해라
주문을 하며 두 손바닥을 비비면
따라서 앞발을 싹싹 비빈다는
아내의 어릴 적 흉내의 염불소리가
그 아침의 이명으로 나를 깨우듯이
어제와 오늘을
다람쥐 쳇바퀴로 돌리듯
어지럽게 멀미를 하며 잠들었던
어제의 내일 아침으로 오늘을 깨우는가.
나도 누군가를 깨우면서 내일의 문을 열고
아침의 빛을,

다은 할머니

아내가 병원에 간 지 40여 일이다

그동안 혼자 있는
나를 가까운 이웃 오라버니 챙기듯
조석으로 끼니마다 정성을 가득 담아다 주시는
담장 얕은 바로 옆집, 다은 할머니

여보!
막 아침쌀을 씻으려는데
또 한 상 차려오셨어
퇴원 날이 가까운 아내에게
고마움을 자랑하는 전화를 건 뒤에

다 당신 덕을
내가 받는 거라고 혼자 중얼거린다.

어느 겨울 저녁 하늘에 쓴 시

어디서
어느 여인이
그 찰진 저녁밥을
따끈한 노을로 뜸 들이는가.

기다려주는
이,
아무도 없어
뒤창이 쓸쓸하게 다 닳아
마치 신이 신다가 버린 걸 주워 신은 듯,
늘 영혼이 배고픈 이들
그들을 위해
내 시를 반찬으로
아내가 저녁밥을 한 상 차릴 때

어느새 개밥바라기도 와서 기다리는가.

금혼식

어느새
벌써
오늘 그, 금혼 잔치로
짜장면 두 그릇
탕수육 하나
둘이 한입으로 맛있게 웃다보니
또,
어느새
날아온 새
주섬주섬 빈 그릇 챙기는가.

하얀 발자국

눈길을 간다.

가끔 뒤돌아본다.

거기, 나를 뒤따라오는 하얀 발자국이

너무 시린 맨발이다

촌옹 村翁

내리는 눈으로
순백의 화선지를 지상에 펴면서
더없이 귀 큰 이*의 붓으로
수묵화가 무위로 이루어짐인가
거대한 액자에 담기는 겨울 풍경화를
침침한 눈으로 멀리 바라보면서
가까운 중심을 시로 들고 서있는,
당신

―――――――
*귀 큰 이 : 老子

표고버섯

떡갈나무의 사체에
흑갈색 삿갓을 쓰고 뿌리로 걸터앉아
생과 사를 융합의 꽃으로 탐스럽게 웃고 있는, 너를
나는 잠깐 식물인간으로 식물성 죽음의
경이를 보는 중이다.

식물만 사는 별

그래
그럴 거야
저 많은 별 중에
식물만 사는 별이 꼭 있을 거야
늘그막에 지구의 삶을 동물성으로 뒤돌아보다가
그만 엉뚱한 애가 되는, 나
자칭 나무 시인이 꾸는
꿈이다

동해의 세숫물

눈을 뜬다.
꽤 추운 아침이다
당신이 떠 논 따끈한 세숫물로
어제의 얼굴을
오늘 내 얼굴로 씻는다.
아침 세수를 하는 짐승이 어디 또 있다는 소리는
아직 못 들었지만, 매일 씻는 우리 얼굴이
저들 얼굴보다 깨끗하다는 소문도 들은 적이 없다
지난밤을 동해 물로 말갛게 씻고
수평선에 널은 아침놀 수건으로 훔치면서
오늘을 당신의 얼굴로 뜨며
환하게 웃는 이여

컨덕터

하얀 겨울의 벌판일 것이다

눈보라로 몰아치는
성난 바람을 힘겹게 다루며 지휘하는
은발의 가냘픈 갈대,
어떤 중심을 꼿꼿이 서서
허리가 부러질 듯 휘다간 다시 일어서는

하얀 겨울의 음악회에
초대받은, 귀 영혼의 귀머거리여

쌍봉낙타

이런 날 아침은
누가 땅을, 사르르 배가 끓으며
급하게 똥이 마려운데
지난밤 꿈으로 훔쳐다가 뒤란의 매실나무에 매 논
쌍봉낙타나 타고 막연한 사막으로
갈까 말까를 망설이는데
연실 배는 꾸르륵꾸르륵 설사를 학문으로 투덜대고
기다리다 관절이 저린 쌍봉낙타
지도 그만 뒤가 급한지
매인 매실나무를 뿌리째 뽑아 들고
사막의 뒷간으로....

임연수어

이만큼 크기면
삶의 위험한 고비도 꽤나 넘었겠는데
어쩌다 끝내는 내 아침 밥상 프라이팬에
꾸덕꾸덕 익어서 맛있게 누워 있느냐.
아주 먼먼 옛적에
너를 처음 잡은 어부의 이름으로 불러준 임연수어를
어느 황 부자가 네 껍데기를 먹다 망했다는 속설로
이름이 불결해 개명이 된 이면수여!

맹물 시

사는 게
다 그런 거지 뭐
별건가
짜고
싱겁고
달고 쓴 거
다 그게 그거라
그냥저냥 배고프면
맹물에 밥 말아먹고 배부르면 되지
안 그래?
그도 저도
아니면,
먼 산 바라보며 피식 웃는 거야

로또 번호를

산제사를
열심히 지내주는
딸이 있어
보내준 제물 간식거리를
산입으로 맛있게 먹다가
문득, 이 고마움을
내 저승 가게 되면 이승의 로또 번호를 슬쩍 훔쳐
꿈으로 일러주겠다고
딸의 전화번호를 꼭꼭 누른다.

새

새해
첫 달 마당에서 놀던
30여 마리 새
어느새 어디로 다 날아가고
오늘은 2024년 2월 5일
바둑 친구가 방광암 수술을 받는 날
궁금하게 걱정일 때
수술 잘 됐을 거라면서
정오로 후딱 날아가는, 그
새

뽀글이장

삶의
입맛이 없을
때,
아내에게 뽀글이장이 먹고 싶다 했더니
저녁 뚝배기에서 뽀글뽀글 끓는 된장 내음이
입맛을,
확 당기는가.

잔소리

발 좀 씻고 자라느니
변기에 물을 안 내렸느니, 등
종일 듣는 잔소리 귀찮고 짜증 날 때, 문득
아 그래 고마운 거야
내게 잔소리를 해 주는 당신이 있어
가는귀먹은 귀가 외로움으로 고프지 않음을

3부

흰 감자 꽃이 피는 중이다

지난밤 어린 별들의 배꼽처럼
뒤란의 감나무에서 감꽃 떨어지더니
지금 아침의 텃밭에선
어미젖을 물고 있는 아가의 뽀얀 얼굴인가
흰 감자꽃이 피는 중이다

빈 화분에 물을 주면서

나의 뒤란에
부엽토만 가득 채운
빈 화분 하나
심을 걸 마다하고
그냥 두는 건
민들레씨 같은 그리움을
텅 빈 기다림으로
가슴에 물을 주면서

나

어디선지
누군지도 모르고
이 별의 흙에서 싹이 터
낯선 어미의 젖을
낯이 익을 때까지 먹이더니
너무 어린 나이에 죽음을 외로움으로
나를 심어주고 가신 뒤
어느새
오늘,
여기까지
저만큼 天壽가 보이는
삶의 오르막에서 잠시 아픈 허리를 펴며
어디로 가는지 끝내 모르는 너에게 나를 묻는다.
*
지금은
지독한 가뭄에다 심은
꿀고구마에 젖을 주러가는
시인이 된
나

꿀고구마

꿀고구마 싹을
지구의 어느 귀퉁이에다
아내는 심고
나는 물을 준다.
거인 부부의 아주 작은 손이
꿀 같은 꿈을 모종하는 행복일 때

참새들이 **짹짹** 박수를……

돌의 미소
－ 石佛坐像의

젖먹이의
젖 냄새가 나는
돌의 미소,
가만히 보니
뉘 영혼의 얼굴인가
웃는 돌이다

그 자리에서

저
나무는
어제 있던 자리에
오늘도
그 자리에서
아마
내일도,

기다림의 뿌리를 내림인가

무제

없을無의 휴지통에다
제목을 코 풀어 버리고
혼자 바둑을,
하루 종일 흰 돌을 들고 꾸벅꾸벅 졸더니
어느새 흰 돌이 저녁노을에 익어 까매지면서
밤하늘의 무수한 반짝임을 해변의 모래알로 세고 있는
상상의 저 늙은이가
바로 나인 것을,
밤바다가 내일을 토해내며
파도의 흰 이빨로 웃는가.

메밀잠자리

고추밭의
고추잠자리는
가을의 우체부로
폭염 속에서 입추의 소식을 배달 중인가
저 아래 메밀밭에서
고추밭의 님을 기다리는
메밀잠자리여

하얀 말

외출한 아내를 기다리며
중얼중얼, 그까짓 거 아무것도 아닌 거
아등바등 거리면 뭐하나
이기면 이긴가보다
지면 진가보다
그냥저냥 말 말들이 우수수 몰려가는 때
심심한 늙은이 스마트한 분리수거장에서
내다 버린 촌스런 말 말들을
기억의 호미로 캐
밑 없는 그릇에 중얼중얼 시로 담다보니
아내가 하얀 말처럼 웃으며 들어오는군.

에이 씨발

농사는 하늘이 짓는 거야
흥, 개소리 말아우
기껏 애지중지 키워 노면
삼폭*으로 조져대니
에이 씨발
이거나 먹어라
하늘로 팔뚝질이다
그,
얼마 후
다급한 바람으로 와서 퍼붓는 단비
거의 다 죽어가는 원망의 밭머리에서
그래도 농사는 하늘이 중얼중얼이다.

---

*삼폭 : 폭염, 폭우, 폭풍

그, 알맹이는

뭐가 있는 거야
삶의 껍데기를 벗기는 건
응, 저길 봐
양파를 까는 독거노인을
저녁반찬으로 된장을 찍어 틀니로 씹으며
매운 눈물 밥을 혼자 꺽꺽 삼키겠지
이런저런 아픔과 외로움의 껍데기를 여기까지 벗겨온 것은,
이제 남은 껍질 속에 내 어미의 젖꼭지 같은 알맹이가
허무의 중심에 꼭 있음을, 그래 그래서
오늘도 내 껍데기를 까는 중이다

가는 길

그냥 가는 거
그냥 사는 거
그게 그거지
뭐
안 그래?
허지만
어디로 가는 길인지
아무도 모르는
바람이 간 발자국뿐이더라

내 시란 놈은

내 연치가
얼만지도 모르고
내 시란 놈은 싯(詩)거리를 연실 끄집어내
시를 쓰라고 억지를 부린다.
오늘, 지금도 그래
불쾌지수 얼마에 체감온도 최악에
끈적끈적 진땀으로 달라붙어 써야 된다고
남은 시간이 다 돼 간다고
내 시란 놈은
피곤한 나를 쿡 찔러 깨운다

산제사

내 예 와보니
영혼은 입이 없구나.

생전에 먹을 걸 자주 보내주던 딸
그만 보내라 돈 많이 쓰는구나, 하면
아빠 살아계실 때 산제사를 지내드리는 거라고, 하던

네 말이 옳았음을
여기 와서 알았구나.

밀원蜜源

여름이면
어디서나 흔하게 피어서
무심히 반기는
꽃,
망초
없는 듯
아주 조금 있는
단맛의 외로움을 아는지
배고픈 영혼이 있어
밀원으로 찾는
너,
꽃이여

아침, 산책길에서

애들아!
빨리 나와 봐
저기 시인 할아버지가 오신다.

와 아
어디어디
아침의 문을 활짝 열고
온통 환하게 반기며 웃는, 꽃
달걀 꽃
개망초

이 할아비를 알아보는 너희들이 있었구나.

하얀 허무

하얀 물감의 허무를 푼다.

영혼의 붓으로 푹 찍는다.

캄캄한 벽에다 문을 낸다.

아야AYI*
― 튀르키예의 강진은

진도 7, 8의 참담한 무덤 속에서
죽은 어미의 탯줄로 이어진 신생아
저 어린 생명을 구조해 안고
끝내 신에게 감사함을, 분노로 외치는 아비의 절규다
대자연의 무서운 힘 앞에서
한없이 가엾고 허약한 존재의 슬픔과 아픔을
오직 신이라는 믿음의 질긴 탯줄로 인간의 미래를 이어 가는가?

---

*AYI : 아랍어로 기적을 뜻하며, 현장 의료진이 구조된 신생아에 붙여준 이름이다.

퇴원

긴 입원 끝에
아내가 오늘은 퇴원하는 날
절뚝거리며 들어가서
이전의 발걸음으로 나오는 날이다
이런 날,
고마움의 또 다른 바램이 있다면
너무 아프고 외로운 세상이란 병실에 누워있는 그분들도
내 아내처럼 웃으며 퇴원하는 날이
내일도 모래도 글피도 이어지길

돌화살촉

혹, 싯詩거리라도
유적 발굴지 근처를 기웃거림이다

하아 이거야말로
1만 년 전쯤의 신석기 인이 쏜 화살이
내 시의 가슴 영혼의 과녁을
순간, 관통하는 거야
둔탁한 생명의 촉감으로 돌화살촉이 뚫고

나간, 영원의 공허한 그 구멍을 들여다봄이다

나

시는
삶과 죽음을
융합으로 피운 꽃이다

장례놀이

허이허이
어허이야

아내 몰래 잠깐
내가 나를 치우는
놀이를
하는
중,
허 허 허공의
허이허이 어허이야

방귀

아내의 방귀는 맡을만한데 내 방귀는 지독히 쿠리다

아내는 코를 막지만 나는 숨을 쉰다.

삶의 소화 기능이 다른 긍정과 부정의 냄새다

시인의 겨울 농사

아주 싱겁게
맛있는 시를 농사로 짓는다.

씨앗은 별똥별이고
거름은 은하수를 퍼다 가
흙이 아닌 하얀 백지의 텃밭이다

마침 저쪽에서
겨울수박 농사꾼이 비닐하우스 문을 열고
한참을 싱겁게 건너다보더니

하긴, 그런 농사도 있었군요.

동목冬木

고 여린 감성의 손가락 끝으로
동천을 떠받치고 있는 저 가벼움

꽁꽁 언 대지의 가슴속
따뜻한 속살이 있어
아기 발가락 끝으로
동면에든
冬木,

아침 산책길에서 만나는 또 다른 나를 본다.

겨울 아침의 능청

여보!
뭘 찾아?
나 여기 있잖아
밖에 나갔더니 귀가 너무 시려서
귀를 떼어 주머니에 넣고 왔어
에이,
능청은
누가 시인 아니랄까봐

선물

선물은
받을 때나
줄 때나
기분 좋은 거
더러는 아닌 것도 있지만
선물 중의 가장 큰 선물은
태어나던 날 받은 대자연이란 종합선물세트다
우리는 누구나 부자로 왔지만
거지처럼 살다가 되돌아가는 날 즈음에야
그제서 그걸 알지만,
하지만

어딘지 거기

긴 가뭄 끝
비 오신 뒤 먼 산봉우리
망연히 걸린 파란 하늘 거울 속
그리운 얼굴들 다시 볼 수 있는
거기, 어딘지 가고 싶다

인간의 꽃

꽃 중의
꽃,
젖내가 물씬
방긋 피우는 꽃
아가의 웃는
얼굴

황혼에 기대서서

저녁노을을
어릴 적 고향의 아궁이에 지핀다.

부뚜막에 무쇠 솥뚜껑 걸어놓고
부침개 한 소당 안주로 부친다.

막걸리 한 잔 권하고 싶은
먼저 간 저승의 벗이 손짓을 하는가.

천국의 살인

극심한 흉년에 양식을 구하러 나갔다가
빈손으로 돌아온 남편에게
여보!
내가 돼지 새끼를 한 마리 삶아놨는데 익었는지
부엌에 좀 나가봐요
남편이 미심쩍게 나가서 솥뚜껑을 열었을 때
아 아 이걸 어떻게
아내가 아기를 낳아서 삶았음을,
어떻게 이런 일이 남편의 울부짖음이다

인간의 고통을 슬그머니 뒤에서 즐기는
당신, 정말 있기나 한 거요?

※ 산모가 너무너무 허기가 져서 헛거로 보인 애를 삶았다는
  이야기를 하는 아내, 가까운 옛날 어느 보릿고개에서 엄마
  한테 들었다는 끔찍한 사실이었다나.

4부

벌과 바람과 詩가 있는
어느 영혼의 뒤란일 것이다

아침의 빛이 아주 잠깐 들르는 내 영혼의 뒤란은,
아내와 오순도순 그늘을 가꾸는 정원이다
당신의 손바닥만큼 하늘이 보이는 터전이지만
이런저런 나무들이
이런저런 크고 작은 화분들이
이런저런 저마다의 꽃을 피울 때
벌과 바람이 충매 풍매의 중매꾼으로 와서
꽃술의 꿀을 사랑으로 입맞춤할 때

그때, 거기 시로 서있는 내 영혼이여

아침 산책길에서

늘 다니는
아침 산책길에서
어제 서있던 나무들을
오늘 또 그 자리에서 다시 만남은
언젠가는 영면으로
내가 저 나무들을 볼 수 없거나
저 나무들이 나를 볼 수 없을 때, 문득
이 반갑고 고마움을

주목朱木

이 가을
하늘 거울 속에 핀
흰 구름,
자웅이화로
천년을 오직 옷 한 벌로 가는 이여

낚시를, 레테의 강으로

어이 젊은이
뱃삯 내고 빨리 타지
여기 사공 카론인가 보다
천수가 다된 나를 두고 젊은이라니
뭘 중얼거려 노잣돈 받은 거 없어?
예예 어르신, 그런 게 아니고 아직은 때가 아니라서
지금은 낚시를 왔구만유.
뭐라고, 내 여기서 수억 만년을 사공 질을 했지만
낚시를 하러 온 놈을 이렇게 만나다니
마치 오래오래 기다리던 반가운 꾼을 만난 듯이
나를 반기며 나를 낚고 있는 게 아닌가.
그럼, 영감님도 낚시를?
그래 그렇지만 지금에서야 자네가 처음 입질로 물렸구먼.
무언가 묘하게 그 미끼가 궁금해,
어르신 낚시의 미끼가 뭔지 여쭤봐도 될까유?
허허 꾼은 꾼이구먼.
껍데기 속 허무의 노른자위를 반죽해 미끼로 썼지.

하 이거야말로 이럴 수가, 그만 내가 망각의 강가에서
이승과 저승의 그네를 타고 어지러울 때
어이 젊은이, 자넨 뭘 낚으러 왔어?
낚는다기보다 얼굴도 모르는 내 생모를 만나러 왔소.
저 강 밑바닥에 자네 나이만큼 깊이 가라앉아 있을 테니
질긴 인연의 줄로 낚시를 내려 봐
내가 자네를 낚듯이 가능한 일이니까.

듣는 둥 마는 둥
꾸벅꾸벅 졸고 있는 나를 내가 찌로 지키는가.

영혼의 보험료는

보험회사, 교회가 아니다
보험료, 기도와 헌금 아니다

그럼,
나 스스로 하늘 거울 앞에서 부끄럽지 않음이다

裸木

벗으나 마나 있는 그대로
서있는, 부끄럽지 않은 이여

뒤란의 감나무

주렁주렁 매달려
젖을 먹던 어린것들이
어느새 볼이 노을로 농익은 홍시
젖을 뗀 어미처럼
늦가을 거울 앞에 서있는
당신,
그렇게 홀랑 벗고 섰으니
에그 보기가 좀 민망하구려.

그 많은 아침을 지나서

나야
나라고 앙 울면서
오묘한 옥문의 문지방을 넘으며
맞는 첫 아침
아침부터 알 수 없는 내가
알 수 없는 나를 뒤따라
여기까지 오면서
31,025개의 문, 아침의 문을 열고 나와
지금 저만치 몇百이 보이는 공원의 벤치에 앉아
아직도 알 수 없는 내가
알 수 없는 나를 쳐다보면서
삶의 바퀴 바람 빠지듯 피식 웃는가.

그거, 시

그 짓을
영혼의 농사꾼이라고

요새 영혼들
기름지게 배때기 불러
거들떠도 안보는 거

그거, 시
농사를 못 버리는 건

어딘가의 거기
내가 모르는 분 계시어
그 식탁에 슬쩍 놓고 싶은, 거

詩가 빵꾸야

심심한 날이었어
심심한 시
한 편 써지길래
無爲自然 움막에 사시는
李 耳 선생을 찾아가 슬쩍 보였더니
대뜸,
빵꾸야
바람이 빠졌어
첫 대가리부터 싱거워
그래, 하얀 바람을 팽팽하게 넣고
터진 구멍은 소금 반죽으로 때우면
그런대로 간이 맞겠지.

그나저나 어여 가보시게
자네 집사람이 저녁상 차려놓고 아까부터 기다리는군.

사막의 꽃
- 게발선인장

한겨울을 내방에서
꽃으로 핀 저 많은 게들이
어딘가로 스러지면서 아득한 사막을 횡단하는가.
발자국마다 붉디붉은 꽃잎으로 각혈을 하면서
지워지는 듯 어디로 이어짐인가

가을이 온통 설교 중이더라

춘천시 소양로 2가
호반교회 옆 목사님 손바닥만 한 마을 공원이다

가을이 온통 아름다움을 설교 중일 때
지나던 어르신, 중얼중얼 뭔가를 잃어버린 듯
발밑의 낙엽을 먼 먼 그리움으로 줍는가

오, 주님이시여!
당신은 없는 듯, 꼭 계시는 거지요?

뭐 행복이 따로 있나

아내는 껍질을 깎고
나는 주렁주렁 매단다.
곶감 못미처 건시를 미리 입맛 다시며
주절주절 이런저런 짜지 않은 아주 싱거운 이야기로
웃음 디딜방아를 찧다가
여보!
이 즐거움
오늘은 그만하고
남겼다가 내일 또 합시다.

뭐 행복이 따로 있나, 이런 거지

큰 그릇

큰 그릇은
빈 그릇이더라.

텅 빈 가득함에
어느 새가 날아가다 찍 깔린 물똥을 받는
그런 그릇이더라.

경이로운 질문

엄마!

죽음이

뭐야,

먹는 거야?

화롯불

코끝이 시린 한겨울 내방이다

화분 가득 피어서
뜨겁게 담긴 게발선인장꽃 불로
가만히 피어오르는
불,
가마솥에
쇠죽을 끓이던 사랑방 아궁이에서
잔불 등걸을 막 퍼 담은
화롯불이구나.

손 시린 분들 얼른 와서 쬐세요.

생마늘 세 쪽

1

아예 태어나면서
어미의 웃음을 장애의 입으로
다 빨아들이고
지 혼자 세상이 재밌어 실실거리며
그 웃음을 헤프게 퍼 흘리는가.

가여운 눈길들이 힐끗힐끗 지나가는군.

2

분노의 포도밭에서
첫 아이를 사산한 젊디젊은 어미가
굶주림으로 죽어가는 낯선 남자의 입에다
팅팅 부른 젖을 짜 넣으면서 짓는, 그
신의 미소를,

존 스타인벡은 미리 알았을 거야.

3
아기를 낳고
너무 허기가 져서 헛보였나
낳은 아기를 솥에다 삶고는
나갔다 들어온 남편에게 부엌에 나가보라고
내가 돼지 새끼를 삶았는데

익었으면 갖다먹자고, 아으 사람 사람아

더 봄 치과에서

아 벌리세요
다무세요, 벌리세요
아마 서른 번쯤은
어미 말 잘 듣는 소년이 된다.
더, 보고
또, 보고 다시 손보며
본 이를 되살려내려는 듯
꼼꼼한 손길의 임플란트와 보철
아
치과도 예술인 것을
잇몸의 감탄이다

잠

여보!
우리 그만 잡시다
에이 죽으면 실컷 잘 텐데요 뭐
하긴 그렇지만
당신의 말이
맞는지
틀린 건지
난 자꾸만 졸리는 구료

대지의 바람을 지휘하는 너, 갈대여!

고,

가녀린 몸짓으로

대지의 바람을 지휘하는, 너

갈대여!

가끔 성깔을 부리는
태풍의 종아리엔 지휘봉으로
회초리가 되는가?

관념의 보약

죽음을 참 삶의 보약으로
하루에 한 알씩
단, 복용은 식전의 공복에

허무의 지우개

지우고
또 지운다.
바닥이 보일 때까지
뭘?
내가
나를 말이야

잠

잠은
살아서 푹 자야
꿀맛이지
죽어서 푹 꺼진
잠은
오적어烏賊魚먹물이지

낼은,
정식. 상국. 연선. 벗들과 바둑을 두는 날인데

푹 자야 집중이 될 텐데
감각 수론 이기기가
허나, 잡히지 않는 동해안 오징어라
먹물 맛만은 아닐 것이야

백로

덧없는
아름다움에
덧대어 사는 외로움이
무심으로 젖어 드는
하얀 얼굴
거기 논두렁에 서 있는, 너
백로여

이상한 귀

발 씻어요?
뭐라구?
발 씻었냐구요?
응 씻었지
물만 칠했지요?
아닌데, 그나저나 여보!
아무래도 내 가는귀가 이상해
또 왜요?
쓸데없는 말은 잘 안 들리고 쓸 말만 들려
내 귀가 좀 이상하니
그런 줄 알아요.

신의 저울

심심하게 싱거운
이런 날, 나는
신의 저울을 슬쩍 훔친다.
시골 장터에서 흔히 쓰지만
이건 추와 눈금이 없는 저울인가
상상의 저울판에 지구를 올려놓는다.
가늠할 수 없는 무한의 무게로 허공에 떠서
자전과 공전이란 의문의 신비로
반짝이는 무수한 별들,
어딘가로 끝없이 추락하는 가벼움이
내가 날 통 모르겠다.

굶어서 하얗게 얼어 죽은 산양들이여

때로는 죽음이
이토록 안쓰러운 심미적인 것을

어리벙벙 두 눈만 끔벅끔벅
눈부신 폭설의 무덤에 빠져서
하얗게 굶어 깨끗이 얼어 죽은 산양들이여

이 늙은이
문득, 너들의 죽음이 부러울 줄이야

식물의 귀

없는 귀로 가만히 듣는 귀더라

거나하게 취한 얼굴인가
활짝 웃고 있는 군자란, 꽃!

널찍하게 늘어진 큰 잎사귀
꼭 노자老子의 귀로구나

낼 아침은

여보!
나 잘레

벌써요? 초저녁이구만

응, 할 일이 없으니
미리 저승에나 꿈으로 가서
당신과 다시 살 곳을 알아보고 올 테니
그런 줄 알아요.

알았으니
낼 아침은 좀 일찍 일어나셔서
망상의 마당이나 쓰시구려.

엄마 손국수

어느 봄날 저녁 무렵이었어.
따끈하게 얼큰한 국물 맛이 감도는
한기를 으스스 느낄 때
마침 찾아온 친구
내외,
이렇게 반가울 수가
가끔 들르던 해물칼국수 집을 향해
소양강 2교 쪽으로 출발일 때

문득, 어릴 적 고향으로 가는 버스를
누나 같은 안내양의 "오라이" 하던 음성이 아직도 귓가에
묻어 있어.

디딜방아로 밀을 곱게 빤 초벌 가루지
찰지게 가난을 꼭꼭 주물러 반죽한 반대기
넓적한 도마에 홍두깨로 밀어서 배고픔을 겹겹으로 가지런히 포개
부엌칼로 듬성듬성 잘게 썬 엄마 손국수, 아 그리고 말이야

아까워서가 아니며 잘 주지는 않았지만
썰다 남은 꽁다리를 겨우 얻어 화롯불에 구워 먹던,
그 맛!

보릿고개를 넘으며 덜커덩거리던 그 배고픈 버스
오늘따라 아내와 나는 친구의 승용차로 가물가물 뒤
따르는 중인가.

이은무 시집

안개 수첩

발행 2024년 11월 30일
지은이 이은무

인쇄 도서출판 태원
강원특별자치도 춘천시 서부대성로 110-2
전화 (033)255-0277
E-mail tw0277@hanmail.net

ISBN 979-11-6349-132-3 03810
ⓒ이은무, 2024, korea

정가 13,000원

이 책은 춘천문화재단 2024 전문예술지원사업 지원금으로 출간되었습니다.